AF246039

LETTRE

A

M. LE GÉRANT RESPONSABLE

DU MÉMORIAL DE L'YONNE.

Sifflons ! sifflons ! sifflons !

PARIS

IMPRIMERIE DE J. TASTU,

RUE DE VAUGIRARD, N. 36.

1829

LETTRE

A

M. LE GÉRANT RESPONSABLE

DU MÉMORIAL DE L'YONNE [1].

MONSIEUR LE GÉRANT,

Depuis une couple de mois, deux journaux de faces différentes mettent en émoi les beaux esprits de l'Yonne : le MÉMORIAL, véritable enfant de notre siècle, dont il emprunte les airs, les pensées et le langage ; le MERCURE, rédigé par des avocats et par des professeurs de collége, et qui nous rappelle ces temps où nos bons aïeux ne voyaient rien au-dessus d'une dissertation latine, ou de la captieuse charade : chacun d'eux porte déjà ses fruits.

J'ai l'avantage de lire ces deux journaux ; M. le Gérant, je ne dois point vous dissimuler que je suis un *de ces hommes égarés, mais de bonne foi, qui croient dans leur aveuglement que les promesses de l'autorité ne sont pas des faits.* Il ne m'ap-

---

[1] Le *Mémorial,* ayant à s'occuper de choses un peu plus sérieuses que de répondre au *Mercure de l'Yonne,* n'a pu recevoir cette lettre que l'auteur publie séparément. R. D.

1*

partient donc pas de louer la feuille périodique qui par *ses sophismes et ses sarcasmes* combat pour le triomphe de mes opinions; en un mot, j'ai le malheur d'être *libéral*. Feu le *Conservateur* défendait *Dieu*, *le Roi* et *les honnêtes gens;* son arrière-bâtard, le *Mercure de l'Yonne*, préconise les *préfets*, *les miracles* et *les pédans*. Nos adversaires se sont ainsi emparés d'un large terrain, tandis qu'à leurs yeux le titre de *libéral* équivaut pour le moins à celui de rebelle et de factieux. Je ne suis qu'un villageois; aussi je n'aspire point à m'élever dans mes écrits jusqu'à la témérité de ces expressions, qui peuvent en imposer au vulgaire, mais qui ne sont réellement bonnes qu'à provoquer la bile du procureur du Roi. Combien je le redoute le procureur du Roi! Ma plume timorée ne saurait suivre un principe politique dans toutes ses conséquences; elle ose à peine se permettre une légère excursion dans la littérature : *Genus irritabile vatum :* gare à moi s'il m'arrive de ne pas battre des mains à chacune des plaisanteries de M. Z., si je n'élève pas aux nues l'éloquence départementale de M. X., et si je soutiens que les vers de M. Y. Dallier, ne doivent être reçus qu'au bruit des sifflets! X., Y., Z., O., quels noms je viens de rappeler! à quels adversaires j'entreprends de m'*aheurter!* N'y a-t-il pas un excès de présomption de ma part?

Vous pleurez dans la plaintive élégie, M. Z.; votre prose rimée, froide et compassée, peut exciter ma pitié ; elle ne fera jamais couler mes pleurs. Laissez là les amorces trompeuses de la haute poésie, et reléguez votre muse dans le cercle si facile de l'énigme et du logogryphe : autrement j'ajouterai deux voyelles entrecoupées d'une consonne à la suite de votre initiale, et j'aurai la juste mesure de votre capacité. A votre place, je m'en tiendrais de préférence aux sublimes inspirations de la politique, je continuerai de prêcher que *l'autorité ne commet que des involontaires erreurs*, et je conseillerais à ceux qu'elle opprime *de n'en demander la répression qu'à l'autorité coupable.* M. Z., vous avez écrit ces naïvetés, et vous passez pour un homme d'esprit ! J'aime à croire que vous avez sur votre propre compte une idée plus conforme à la vérité. Le *Mercure*, dites-vous encore, *se charge de représenter l'opinion de l'autorité.* En conscience, avez-vous bien réfléchi à ces paroles qui vous placent dans une position tant soit peu embarrassante et qui pourront bientôt vous *constituer en état constant* d'opposition avec le bon sens et avec votre propre indépendance. Prenez-y garde ; M. X. compte sur vous : déjà vous avez fait les premiers pas.

Non, Monsieur, *ce n'est point avilir la mission de Député que de voter d'après une doctrine imposée* et volontairement acceptée : demandez-le plutôt à M. Peel, qui s'y connaît autant que vous. Rester fidèle à la foi jurée, c'est remplir son devoir : se créer une conscience à soi dans les circonstances solennelles et décisives, c'est trahir son mandat, c'est vendre son parti. La conversion à d'autres principes doit nécessiter la démission. Non, Monsieur, non, *tout ce qui se passe dans la nature n'est pas un miracle perpétuel de la Providence.* Rien n'est plus faux, ni plus absurde que cette assertion : les lois qui régissent la nature peuvent avoir été établies par cette Providence que vos petits cerveaux font agir comme une marionnette à vos ordres ; mais ces lois sont immuables, et un miracle opéré par un homme serait un attentat, un acte de rébellion contre Dieu même. Arrêtez le soleil avec Josué, ou, *par un pouvoir surnaturel,* rendez le mouvement aux membres paralysés d'une vierge, je ne verrai en vous qu'un charlatan et qu'un imposteur. Je les ai lues aussi *les dévotions et les croyances qui ne sont ni commandées, ni prescrites par l'Église,* et j'ai gémi. Mais quand leur lecture est préconisée par un homme *qu'on dit* être instruit, par un avocat, l'indignation s'empare de mon ame, parce qu'alors je ne regarde plus cet avocat que comme un homme qui veut fréquemment faire briller ses moyens oratoires devant une Cour d'assises. Cet avocat doit surtout savoir que la superstition n'enfante pas moins de crimes que l'ignorance sa compagne.... *Et vous aussi vous êtes orfèvre, M. Josse!*

. Les miracles ont donc de puissans attraits pour vous? Vous-même avez le don des miracles, que vous avez encore la bonté de nous prodiguer à chaque article. Impossible à vous d'écrire sans faire un miracle :

Sous vos magiques mains tout se change en miracle.

Ici, la vipère compose son venin terrible avec la liqueur sucrée qui fournit le miel à la trompe de l'abeille : plus loin, c'est le lys qui croît abondant dans la froide Germanie, et que les guerriers francs moissonnent comme je cueillerais la violette et le perce-neige. La poésie a ses licences, mais celles que vous vous permettez dépassent les bornes. Toute citation prise dans la nature vivante et animée *doit être vraie*, les vôtres ne reposent que sur des faussetés et sur des âneries; pardonnez-moi d'appeler les choses par leur nom, vous vous y êtes suffisamment exposé. Avant vous, un poëte italien, si renommé d'ailleurs, avait eu la sottise de *rendre la vipère herbivore*. Vous êtes doublement sot de répéter cette sottise dans notre siècle. Cette comparaison est d'autant plus absurde qu'elle ne devrait concerner que la seule abeille qui à la fois élabore un miel et un venin puisés dans les corolles des mêmes plantes. Quant à vos fleurs de lys, la pureté du royalisme n'empêche pas de déraisonner sur leur origine. Quoi de plus ridicule que de faire déposer sur le crâne d'un barbare et d'un payen, cette blanche couronne de lys qu'un ange du ciel n'apporta que plus tard sur une tête purifiée par les saintes eaux du baptême? Le miracle opéré en faveur de Clovis ne vous suffisait donc pas? Il vous fallut anticiper sur les temps, et donner un démenti aux lois de la végétation. Je sais qu'en fait de miracles, il n'y a que le premier pas qui coûte. Pharamond une fois *couronné de lys*, ses ignares *guerriers purent en récolter dans tous les bosquets du voisinage*. Vos recherches sur les *antiquités* de la Gaule et de la Germanie vous ont sans doute appris que le lys croissait alors autour du camp des Francs? M. Z., les lys considérés comme fleurs n'appartiennent ni au climat de la Westphalie, ni même à celui de la France; l'étranger les y apporta, ils y exigent une culture continuelle; jamais ils ne s'y naturaliseront.... Avec tous ces titres d'ignorance et de naïvetés, il vous sera pourtant difficile d'atteindre à la naïveté de celui de vos correspondans qui nous assure que le *bon* M. Laporte était originaire du pays où il prit naissance. (*Oriundus ex Bugeriá ubi vitam auspicatus est....*) Vite un brevet de rédacteur à ce digne chrétien : *Beati pauperes spiritú, quoniam...*

Vive votre collègue M. X.! Oh! qu'il a de bonheur qu'on ait trouvé et perfectionné *l'art de peindre la parole aux yeux!* Si l'homme civilisé eût continué de ne parler qu'aux oreilles, M. X. serait tout-à-fait ignoré. Quelle perte c'eût été pour nous! M. X. nous promet une chose au-dessus de ses forces; qui de nous s'en serait jamais douté? M. X. est à la fois trompette et héros; il promet d'*être plaisant*, et, par une tolérance qu'on prétend peu commune de sa part, il daigne permettre les représailles envers lui. Je vais user largement de la licence, *ecce Crispinus*; M. X., c'est bien à votre personne que je m'adresse. Pourquoi vous contenter aujourd'hui de la plaisanterie? Les bons temps sont donc aussi passés pour vous?.. Homme modeste, il vous sied de ne *pas vouloir arborer l'étendard de votre amour-propre!* Quand le devoir sacré de votre profession vous amène devant les tribunaux, quels flots d'éloquence jaillissent de votre bouche! Le calme le plus parfait s'établit au parquet comme dans l'auditoire, car

Tout bâille, le public, la Cour et l'accusé.

C'est alors que vous êtes plaisant, et qu'il est beau de vous entendre! Ne pourriez-vous plier la facilité de votre heureux caractère jusqu'à une petite complaisance envers nous? Faites imprimer vos discours (je parle des discours prononcés devant le tribunal, le ciel nous fasse grâce de ceux que vous pûtes tenir en d'autres lieux moins publics). Je souscris d'avance à une demi-douzaine d'exemplaires. Dans ma profession de médecin, ils pourront m'être d'une utilité précieuse. Trop souvent je trouve les tempéramens rebelles à l'influence du *laudanum*. De quelle aide ne seront pas alors ces discours imprimés?

J'en prescrirai le texte à mes malades.

Et je ne doute pas que leur seule lecture ne produise sur-le-champ l'effet de leur débit par votre bouche. Je vous en prie, M. X., rendez-vous utile en quelque chose à l'humanité.

En attendant ce présent de votre part, et en attendant d'autres sarcasmes de la mienne, veuillez nous apprendre de quelle manière (à moins qu'à votre profession d'avocat vous ne joigniez aussi celle de confesseur) vous sûtes *personnellement* le *secret* de cette jeune paralysée *qui n'avait que le ciel et son confesseur pour confidens?* J'ai déjà trouvé le mot d'une de vos énigmes; celle-ci passe ma faible intelligence. J'ai moins de peine à concevoir votre prédilection pour la musique de nos églises; elle s'adapte parfaitement à la nature et à la texture de vos oreilles, dignes de la ville (Auxerre) où les gros serpens furent inventés. Nous autres profanes, combien nous craignons

De ces serpens la sainte mélodie!
D' un *sforzando* tout-à-coup l'harmonie
Brise et remplit nos tympans délicats.
Cette musique est pour nous infernale,
Pour vous céleste; infernale surtout
Quand le curé, pour nous pousser à bout,
Y fait entrer cent voix de cathédrale
Et cent faussets, dont vingt miaulent en *sol*,
Cinquante en *ut*, et trente en *ré-bémol*.

Vous nous assurez que votre voix ne redoute pas d'affronter ces bruyans accords; les vitraux de l'église frémissent et tremblent *du son de vos émotions*. M. X., que mes lignes ne vous découragent point; chantez à Saint-Etienne, chantez à Saint-Eusèbe, chantez à Saint-Pierre, chantez partout, excepté où je serai. Faites même des charades, et vous amuserez aussi nos loisirs. Mais de grâce, n'y employez pas trop de talent, nous ne pourrions plus vous deviner. Pour une première fois, assez de babil sur votre compte.

A l'occasion de l'anniversaire du 17 mars 1815, j'avais esquissé un aperçu sur la situation actuelle de l'esprit politique en France. J'avais rappelé des temps où la gloire cacha nos fers et nos erreurs ; j'avais montré la nation et surtout la jeunesse française remplies d'amour pour nos institutions ; j'avais applaudi à la sagesse de nos rois. La tremblante constitution de quelques hommes à l'usage du *Mercure* a tressailli aux seuls mots d'ordre et d'union : leurs membres se sont agités : l'un de ces messieurs n'a pu supporter la violence de la crise, et il s'est hâté de vomir des ordures qu'il croyait lancer à la face de Bonaparte et de ceux qui ne l'insultent pas après sa mort. Les vomissemens se répétèrent jusqu'à cinq reprises ; chacun d'eux offrait l'âcreté des mêmes humeurs ; ils ne purent cependant évacuer tout ce qui pesait sur l'estomac du malheureux : il ne cessa de crier: *Oublions cette époque, oublions-la ;* comme si cette époque du 17 mars pouvait lui rappeler des souvenirs amers ! Au milieu de ses angoisses, sa plus grande peur est que son nom ne lui échappe. Républicanisme, bonapartisme, jacobinisme, maratisme, dantonisme, fédéralisme, vandalisme!! ces grands mots ne lui apportent aucun soulagement. On dirait que sa conscience le gêne; l'infortuné! il ne peut s'en débarrasser par un vomissement. Malade étrange et peut-être attaqué du cerveau? Dans les courts momens d'intermittence, il marque d'infamie les personnes qui *vieillissent*, et surtout celles qui ont le malheur *d'engraisser!* Ce symptôme manquait encore au cortége déjà si nombreux des symptômes de l'aliénation mentale qui revêt tant de formes diverses... Ici le diagnostic est vraiment difficile à établir. J'ai besoin de quelque article nouveau pour m'assurer si cet individu est atteint du délire, ou s'il ne fait que bavarder dans un style digne des halles.... A la grande rigueur, il pourrait encore être sous l'influence d'une maladie simulée, d'une *frauduleuse affection*; je n'en serais pas surpris. Jusqu'à plus ample examen, je me contenterai de cette seule réflexion : Pauvre Bonaparte, assez de vermines ne t'ont donc point rongé pendant ton existence, il faut encore que les teignes, les escarbots et les bousiers s'acharnent après tes débris!

Mais je me hâte de passer à un jongleur d'un autre genre.

Jusqu'à présent j'avais la sottise de voir dans Laharpe un juge intègre de l'antiquité ; beaucoup de personnes partageaient cette erreur avec moi; enfin la vérité vient de se faire jour. M. Y. Dallier, professeur de rhétorique au collége d'Auxerre, nous apprend et nous prouve que *La Harpe n'était malheureusement rien moins que familiarisé avec les anciens classiques*. La Harpe ne connaissait ni la langue de Sophocle, ni celle de Salluste! Un passage mal interprété par le professeur du Lycée met le fait hors de doute. M. Y. Dallier entasse quatre mortelles pages de citations pour nous persuader qu'il a lu tout son dictionnaire latine M. Y. Dallier, en agissant de la sorte, pense être encore dans sa chaire, et avec ses écoliers. Il prend le département pour son auditoire; il ne réfléchit point qu'il s'adresse parfois à des hommes qui se rient de sa science, et nesont pas précisément dans l'obligation de le croire sur parole.

M. Dallier se constituer l'antagoniste de La Harpe! quel rapport de talent existe donc entre ces deux professeurs? Je ne citerai point ces brillans fleurons de la poésie, soit grecque, soit latine, que La Harpe fit passer avec tant de bonheur dans notre langue; il a ainsi rendu un véritable service à notre littérature. M. Dallier a-t-il des droits à la même gloire? Un de ses essais prouve qu'il en nourrit l'orgueilleuse prétention. En cas de revers, M. Dallier n'aura point à se plaindre de la violence de sa chute, car il lui est, et il lui sera toujours impossible de s'élever au-dessus du sol. M. Dallier nous a donné son imitation en vers d'une ode d'Horace. Ah! Monsieur, par le nom sacré des muses, cessez de mutiler Horace; il est le poëte des grâces, du goût et de la raison ; il n'a rien de commun avec vous. Lisez et relisez ces mots :

> . . . . *Nec pietas moram*
> *Rugis et instanti senectæ*
> *Afferet, indomitæque morti.*

Et osez leur comparer la première strophe de votre prétendue imitation ; imiter une beauté, c'est s'élever jusqu'à elle ; c'est souvent surpasser l'auteur original ; ici, vous avez essayé de rapetisser Horace jusqu'à vous : *ceratá niteris penná*. Plus Horace est rapide, serré et énergique ; plus vous affectez de le rendre traînant, mou, maussade et presque imbécile. Traduire ce passage en vers alexandrins ! Quel vertige guidait donc votre muse ?

Je ne vous chicanerai pas sur les deux strophes suivantes, qui me prouvent qu'Horace est tout-à-fait au-dessus de votre portée ; ces huit lignes géométriquement et péniblement rangées que vous nous donnez pour des vers ! Pour qui nous prenez-vous donc ?

Continuez, M. Dallier ; à quelle hauteur vous vous élevez dans la quatrième strophe ; vous vous lancez dans des régions si supérieures qu'il m'est impossible de vous comprendre ; votre Pégase galope trop vite ; où donc est la liaison de vos mots, de vos idées, même de vos membres de phrases ? Par Apollon ! quel enthousiasme que le vôtre ! Ce pauvre Horace, l'avez-vous bien serré par la gorge ?

M. le professeur, quand on est accouché de ces deux vers :

> Qu'importe à quelques-uns d'avoir, exempts d'orages,
> Langui dans leurs foyers, indolens citoyens?

on se repose, on brise plume et écritoire, on s'admire, on s'écrie : *Ed io anchè sono pittore !...* Le crime

> De son affreux succès expie enfin l'horreur.

Ces rudes consonnes peuvent plaire à l'oreille, mais *l'horreur* du crime est toujours *affreuse*, et un *crime affreux* présente toujours de *l'horreur*, c'est ce qui s'appelle dire deux fois la même chose en deux mots; vous êtes professeur, et vous n'avez sans doute pas oublié cette figure qui, stérilité chez les autres, est peut-être luxe et abondance chez vous.

M. Y. Dallier, je vous passe votre sixième strophe que vous eussiez reprochée au dernier de vos écoliers ; mais, barbare, qui donc te contraignait de nous donner la septième ? Professeur sans ame, disputeur de diphtongues, aligneur de syllabes et d'inversions, as-tu jamais songé à tout ce que *ces arbres plantés de la main de Posthumus*, et dont

> Nul ne le suivra qu'un cyprès,

ont d'attendrissant et de philosophique? Et ces mots de la dernière strophe *hæres, dignior;* ces mots qui sont tout le poëte, qu'en as-tu fait? Tu ne les as point vus ! Ils ont passé inaperçus pour toi ! Ah ! puisse ta main , ta sacrilége main se flétrir comme l'herbe des champs, lorsque tu voudras de nouveau profaner Horace ! Bon dieu ! quel style que le tien ! Horace écrivait avec la plume du cygne mélodieux ; tu n'as que celle de ce volatile de nos basse-cours qui bat sottement l'air de ses ailes, et qui porte à son col des fanons gonflés de sang et d'orgueil ; quand Horace chantait ses vers , il sablait un falerne ou un cécube digne du palais friand des pontifes ; toi tu sembles ne puisser tes inspirations que dans le broc *d'abondance* qui stupéfie les colléges. Oh! M. Dallier , faites des vers, faites des vers , et livrez-les au public :

Les sots sont ici-bas pour nos menus plaisirs.

Beaucoup d'autres, avec vous remplissent ce rôle ; mais que ni vous, ni vos collègues ne vous avisiez plus de critiquer autrui ; vous décocheriez alors des traits qui reviendraient sur vous. Pour parler le langage des dieux , et même pour aiguiser une épigramme en prose, il faut plus d'esprit que n'en affichent MM. X., Y., Z., O., voire M. Lerond ; et vous en particulier, M. Dallier, *loin de vouloir donner des leçons à vos lecteurs, sachez en recevoir d'eux.* Du moins telle est l'opinion franche et sincère d'un campagnard qui n'aime pas les coteries, et qui de son nom s'appelle

B. ROBINEAU-DESVOIDY, D. M.